Johann Nepomuk Vogl

Schenken- und Kellersagen

Johann Nepomuk Vogl

Schenken- und Kellersagen

ISBN/EAN: 9783959130004

Auflage: 1

Erscheinungsjahr: 2016

Erscheinungsort: Treuchtlingen, Deutschland

Literaricon Verlag Inhaber Roswitha Werdin, Uhlbergstr. 18, 91757 Treuchtlingen

www.literaricon.de

Dieser Titel ist ein Nachdruck eines historischen Buches. Es musste auf alte Vorlagen zurückgegriffen werden; hieraus zwangsläufig resultierende Qualitätsverluste bitten wir zu entschuldigen.

Schenken- und Kellersagen.

Altes und Neues

Dr. Johann Nepomuk Vogl.

Wien.
Verlag von A. Wendelin.
1858.

Das ist ein süßes Düften
Wo Wein erfüllt den Raum,
Den finster'n Kellergrüften
Entsteigt manch gold'ner Traum.

Doctor Fauſt's Kellerfahrten.

I.

Doctor Fauſt in Auerbachs Keller zu Leipzig.

Es ging einmal ſpazieren der Doctor Johann Fauſt
Vor'm Hall'ſchen Thor zu Leipzig, wo er nicht lang noch hauſt,
Da traf er eine Herberg, dort gab es wildes Schrei'n,
Es ſaßen die Studenten von Leipzig ja darein.

Nicht mocht's den Schülern munden, zu ſauer iſt der Trank,
D'rob waren mit dem Kell'rer gerathen ſie in Zank,
Doch Fauſt vernahm mit Lächeln ſo Lärm als Zänterei,
Und dacht' der Burſchenjahre zu Ingolſtadt babei.

2

D'rauf schlenderte er weiter und kam zur Stadt hinein,
Doch bald verspüret selber er ein Gelüst nach Wein,
Beim Keller stand er eben, nach Auerbach genannt,
Und stieg hinab, von Niemand im Kellerraum gekannt.

Er trank vom „Kostebauder", da ward ihm wohl zu Muth,
Versuchte dann den „Meißner," und dacht' der Trunk ist gut.
Beim „Wittenberger" fielen ihm die Studenten ein,
„Ha, wenn die armen Teufel jetzt hätten solchen Wein!"

Zunächst der Kellertreppe, sieh da, in dichtem Hauf'
Die Schröter, um zu schroten ein Faß den Steig hinauf,
Die schieben und die rücken, und zieh'n mit aller Macht,
Um ihre Last zu schaffen aus finst'rer Kellernacht.

Ha, wie die Sehnen schwellen, wie Wang' und Stirne glüh'n,
Doch macht der Zeheneimer zu Schanden ihr Bemüh'n,
Da denkt der Faust sich plötzlich: „Wie wär's, wenn ich zum Spaß
Den Burschen draussen schaffte in's Glas ein beff'res Naß?"

„Ei, sagt mir doch, ihr Schröter, was müht ihr euch so viel?
Solch Ding hinaufzubringen, das däucht mir nur ein Spiel."
Spricht da der Wirth mit Zürnen: „Was höhnt ihr mein Gesind,
Ihr werdet uns wol helfen zu fördern das Gebünd'?"

„Euch helfen?" spricht der Doctor, „so etwas fiel mir ein!
Was gilt's, das ganze Fäßlein schrot' ich hinauf allein?"
D'rauf dieser: „O, der Prahler! — Nun zeigt doch eure Kraft
So Faß als Wein sind euer, wenn Ihr hinauf sie schafft."

„So sei's", versetzt mit Lachen der F a u st und schwingt darauf,
D'rob männiglich verwundert, sich auf das Faß hinauf,
Und ruft: „Nun flink, mein Rappe!" und sieh', zu Schreck und
                  Graus
Trotirt der Zeheneimer mit ihm auch schon hinaus.

Mit off'nen Mäulern schauen ihm Wirth und Schröter nach,
Der F a u st jedoch trotiret, als trüg' ihn ein Wallach,
Er gibt dem Roß die Schenkel, er gibt dem Roß den Sporn,
So geht's hinaus zum Thore, so geht's durch Busch und Dorn.

4

Nun hält er vor der Schenke, wo also saurer Wein,
Und ruft: „Herbei, Studenten! Ich bring' ein Glas vom Rhein!"
Da gab es ein Gejubel, ein Lachen ohne Maß,
Und Keiner wich so lange ein Tropfen noch im Faß.

Bei A u e r b a ch im Keller, da hängt ein Conterfei,
Das weißt noch heut' zu Tage des Zaub'rers Reiterei,
Ich sah's mit eig'nen Augen, als ich mit Moslerglut
Mich dort erwärmt und dachte, wie F a u st: „der Trunk ist gut!"

II.

Doctor Fauſt im Biſchofskeller zu Salzburg.

Zu Salzburg in dem Keller da geht es luſtig zu,
Ob auch im Schloſſe droben der Biſchof liegt in Ruh,
Da klingen hell die Becher, da ſprudelt kühler Wein,
Da ſchallt's vom luſt'gen Singen, vom Lärmen und vom Schrei'n.

Da ſitzet bei dem Humpen ein langer bleicher Mann,
Mit einem ſchwarzen Mantel iſt dieſer angethan,
Ein Sammtbarret mit Federn auf trotz'ger Stirn ihm ſitzt,
Darunter kühn und feurig ſein dunkles Auge blitzt.

Zur Seit' von dieſem ſtrecket ein widriger Geſell'
Sich aus, im rothen Wamſe, das Antlitz wüſt und grell,
Ein ſpitzig Hütlein decket ſein Haupt, und wilde Glut
Entſprüht aus ſeinem Blicke, der auf dem Nachbar ruht.

Und um die Beiden lagern noch dort der Zecher vier,
In goldverbrämten Kleidern, mit stolzer Ketten Zier,
Die heben wild die Becher und stoßen mächtig an:
„Das gilt der Fahrt von heute, das nenn' ich wohlgethan!"

Schon ist darob der Schaffner erwacht im Herrenhaus,
„Beim heiligen R u p e r t u s, woher der Saus und Braus?
Hat einlogirt die Hölle mit ihren Teufeln all',
Daß also frech durchgellet das Haus solch' wüster Schall?!"

Aufweckt er die Genossen, und steigt sobann hinab
Die feuchten Marmortreppen in's finst're Kellergrab,
Noch kann er's nicht begreifen, wie die nur da hinein
Durch die verschloss'nen Thüren gekommen zu dem Wein.

Und doch, er hört ja deutlich, wie's drinnen hallt und singt,
Wie Becher laut an Becher, wie Sang und Zither klingt,
Aufschließt er rasch die Pforte, die Wang' voll Zornesglut,
Und heißt die Seinen harren, und tritt hinein voll Muth.

Doch sieh, der Mann im Mantel, so feurig, kühn und bleich,
Erblickt im Nu den Schaffner und spricht ihn an sogleich:
„Willkommen wack'rer Meister, nur frisch in unser Rund,
Fürwahr das ist ein Tropfen, so kräftig als gesund!"

Am Arm faßt ihn der Rothe und zieht ihn hin zum Tisch,
Vor Staunen ist der Schaffner verstummt gleich einem Fisch,
Schon füllet ihm den Becher ein lustiger Kumpan:
„Hoch auf, Herr Kellermeister, nun klinget muthig an!"

Da geht es an ein Trinken, da schäumt das edle Naß,
Es füllen sich die Becher, als gält's das letzte Faß,
Da klingt und schwirrt die Zither, da schallt es vom Gesang,
Wie's wohl seit Menschenbenken noch niemals dort erklang.

Und mitten in dem Treiben, verblüfft der Schaffner sitzt,
Doch Keiner mag's beachten, wie er auch zürnt und schwitzt,
An seinem Ohr vorüber braust Sang und Jubel fort,
Und füllt mit wirren Tönen den schweigend düster'n Ort.

Jetzt aber hebt der Bleiche sich auf und ruft: „'s ist Zeit!
Nach Wittenberg in Sachsen, ihr Herren ist noch weit,
Frisch auf, und nun zu Roße, Herr Schaffner habet Dank,
Ihr gebt wol das Geleite? wir scheiden ohne Zank."

Und nach den Hofraum zerret mit Lachen ihn die Schaar,
Ihm ist, als sei benebelt er selber ganz und gar,
Da breitet seinen Mantel der schlanke bleiche Mann, —
Hui, geht's da durch die Lüfte, und Alle hängen b'ran.

Das ist ein seltsam Fuhrwerk, bei sich der Schaffner denkt,
Als er so mit den Andern am Mantel d'roben hängt,
Da sehen ihn die Seinen, kaum trauend ihrem Sinn,
„Heda, Herr Kellermeister, sagt an, wo fliegt ihr hin?!"

„Zum Teufel!" kreischt der Schaffner, „zu dem ihr längst gehört!"
Indeß er fest sich klammert, erbebend und verstört,
Und weiter geht's im Fluge hin über Stadt und Thurm,
Hin über Thal und Berge, wie wilder Hagelsturm.

Schon will sein Arm erlahmen, schon stöhnt er manches Ach,
Da senkt sich lächelnd nieder der Bleiche allgemach,
Und setzt den armen Schaffner, weil also er verzagt,
Auf einer Tanne Wipfel, die dort zum Himmel ragt.

„Und nun lebt wohl, Herr Schaffner, laßt Euch die Fahrt nicht reu'n,
Der Wein aus eu'rem Keller, er that uns baß erfreu'n,
Das meldet eurem Bischof, und sagt, der heut' gehaust
Bei ihm mit all' den Seinen, das war der Doctor Faust."

Er ruft's und saust von hinnen mit den Gesellen sein,
Bald sah im hohen Wipfel der Schaffner sich allein,
Doch erst am Morgen wieder kam er auf festen Grund,
Und that nun allenthalben den Schwank des Zaub'rers kund.

Das Weinfaß zu Helfenstein.

Zur Christnacht saßen Bursche
Zu Marschendorf beim Wein,
Und schwatzten von den Wundern
Im alten Helfenstein.

Wie brinn' ein Faß, der Reifen
So wie der Deichen bar,
Und sich der Fels erschlöße
Zur Metten jedes Jahr.

Und Jeder könne zapfen
Des Weines, was er mag,
So er zum Fels gekommen
Beim zwölften Glockenschlag.

11

Dies ging Hans Töffels Steffen
Nicht wieder aus dem Sinn,
Als wie mit Geisterhänden
Zog's ihn zum Felsen hin.

In seinem letzten Viertel
Der Mond am Himmel stand,
Als er zum Helfensteine
Durch Schnee und Schorf sich fand.

Doch leer und todt war Alles
Herum im weiten Rund,
Nur je zuweilen bellte
Im Thalgehöft' ein Hund.

Da dacht' er abzuwarten
Den wunderbaren Spuck,
Verhoffend zu erlangen
Zuletzt noch einen Schluck.

Doch lag er nicht zu lange
Versteckt in Strupp und Stein,
So schlief Hans Töffels Steffen
Schon vor Ermattung ein.

Da aber ward der Schläfer
Erweckt mit einemmal,
Die zwölfte Stunde dröhnte
Herauf vom nächt'gen Thal.

Und vor ihm stand, nur kärglich
Beglänzt vom Mondenlicht,
Ein Mann, schneeweiß von Haaren,
Und erdfahl vom Gesicht.

Er trug auf seinem Leibe
Ein seltsam schwarz Gewand,
Und hing ein Bund von Schlüsseln
An seinem Gürtelband.

Von ihm nicht ferne klaffte
Weit auf ein eisern Thor,
Des Grabes Schauer glotzten
Unheimlich d'raus hervor.

Jetzt winkte ihm der Alte,
Und ging zum Thor hinein,
H a n s T ö f f e l s S t e f f e n folgte
Mit Zagen hinterdrein.

Da lohte eine Flamme
Vor'm Fuß des Führers auf,
Und leuchtete den Beiden
Den grausen Weg vorauf.

Auf halbverfall'nen Treppen,
Umweht von Moderduft,
Nunmehr die Beiden stiegen
Hinab zur finstern Gruft.

Und tiefer gings und tiefer,
Dem Steffen dünkt's ein Traum,
Da plötzlich hielt der Alte
In weitem Höhlenraum.

Dort lag auf Eichenknorren
Ein Faß, das schien von Stein,
Doch hatte es gebildet
Sich selber aus dem Wein.

Die Dauben und die Reifen
Zerfielen insgesammt,
Die Krahne war geblieben
Getreu nur ihrem Amt.

Aus ihrem Halse zapfte
Der Greis nun mit Bedacht
Den Wein in einen Becher,
Von kunstvoll seltner Pracht.

Und als mit flüß'gem Golde
Gefüllet das Gefäß,
Da reichte er's dem Gaste
Dem Trinkgebrauch gemäß.

Wie folgte dem Erbiethen.
H a n s T ö f f e l s S t e f f e n da,
Ihm war, als ob er schlürfe
Nur bloß Ambrosia.

Und als er ausgetrunken
Darauf der Alte spricht:
„Gleich Dir gelangt zur Stelle
Sobald ein And'rer nicht."

„Denn anders als ihr wähnet,
Ist's hier mit uns bestellt,
Nur zwischen Schlaf und Wachen
Erscheint die Geisterwelt."

„Es sucht der Mensch vergebens
Den Pfad zu uns. — Nur wir
Vermögen Euch zu nahen,
Nie naht den Geistern Ihr!"

Er sprach's und war verschwunden,
Die Flamme losch in Nacht,
Erst spät Hans Töffels Steffen.
Aus schwerem Schlaf erwacht.

Er sieht vor sich den Felsen
Vom Morgenlicht besäumt,
Und weiß nicht, ob er habe
Dies Alles bloß geträumt.

Doch wie er mochte spähen
Noch emf'ger denn zuvor,
Er fand am Helfensteine
Nie mehr das Eisenthor.

Der verschüttete Klosterkeller am Nekar.

Am Nekar stand ein Kloster
Dort lebte einst ein Abt,
Nicht bloß am Paternoster
Hat der sein Herz erlabt.

Der trug ein groß Gefallen
Am edlen Nekarwein,
Er dünkte ihm vor Allen
Das Köstlichste zu sein.

D'rum grub er tiefe Keller
Und füllte sie sodann
Mit edlem Muskateller
Und Gundelsheimer an.

Da kam mit Mord und Feuer
Ein grimmer Feind in's Land,
Der legte Hof und Scheuer
In Schutt mit frecher Hand.

Wohl flohen da mit Schmerzen
Die Mönche all' hinaus,
Mit todtbetrübtem Herzen
Verließ der Abt das Haus.

Er schied voll banger Sorgen
Von seinem reichen Schatz,
Das war ein schlimmer Morgen
Als er verließ den Platz.

D'rauf wanderte der Arme
Verlassen und allein,
Und dacht' in seinem Harme
Nur stets an seinen Wein.

So zog durch manche Jahre
Der Abt von Land zu Land,
Schon bleichten seine Haare,
Und seine Kraft entschwand.

Da ward der Feind vertrieben,
Und Schwaben wieder frei,
Und was ihm fern geblieben
Das kam mit Hast herbei.

Der Abt auch mit den Seinen
Zum Kloster kam heran,
Doch außer Schutt und Steinen
Nichts weiter traf er an.

Die Pfeiler und die Hallen
Sie lagen wüst und graus,
Zerstöret und verfallen
Das ganze weite Haus.

20

Und unter'm Steingetrümmer
Begraben lag sein Wein,
Er sollte nun für immer
Von ihm geschieden sein.

Da setzte auf's Gerülle
Sich hin der arme Greis,
In seiner Schmerzen Fülle,
Die Wang' von Thränen heiß.

So saß er viele Tage,
Und viele Monde lang,
Doch keine bitt're Klage
Aus seinem Munde drang.

So saß einmal der Bleiche
Erstarrt auf dem Gestein,
Da grub man seine Leiche
Im Schutt des Klosters ein.

Und mehr und mehr die Mauern
Zerfielen fort und fort,
Nur Wind und Regen schauern
Um Lolch und Distel dort.

Doch wenn in Mitternächten
Um's öde Thurmgestein
Sich graue Nebel flechten
Bei fahlem Mondenschein,

Da sieht man noch voll Trauern
Den Alten regungslos,
Auf dem Getrümmer lauern,
Die Hände in dem Schooß,

So wie, von Harm erfüllet,
Man sonst ihn hat gewahrt,
Und die Kapuze hüllet
Sein Antlitz bis zum Bart.

22

Und rund um ihn erheben
Sich Flämmchen zauberhaft,
Als woll' sich kund ihm geben
Der Wein in seiner Haft.

Wenn aber vor dem Schimmer
Des Morgens flieht die Nacht,
Und rings im Thaugeflimmer
Das neue Sein erwacht,

Da spürest du vom Weine
Ein Düften weit umher,
Ist gleich auch dort nicht eine
Der früh'ren Reben mehr.

Der Meistertrunk.

Zu Hüffelsheim in der Schenke
Erschallt ein Lustgebraus,
Es zecht mit den Gesellen
Der Gaugraf drin im Haus.

Da ist Herr Dhaun als Zecher
Bekannt am ganzen Rhein,
Der Sponheim und der Stromberg,
Die auch nicht gram dem Wein.

Doch sieh, auch noch ein Fremder
Tritt jetzt zur Thür herein,
Der scheint kein also froher
Gesell wie sie zu sein.

21

Ergraut sind seine Locken,
Veraltet sein Gewand,
Der setzt sich, fern den Zechern,
Ganz hinten an die Wand.

Die aber kümmert wenig
Der alte düst're Mann,
Die schau'n nur in die Becher
So tief ein jeder kann.

„Ihr Herren!" ruft der Gaugraf,
„Wohl mundet uns der Trank;
Doch laßt die Zeit uns würzen
Auch jetzt mit einem Schwank."

„Seht hier den Reiterstiefel,
Er ragt mir bis an's Bein,
Den füll' ich bis zum Rande
Vollauf mit edlem Wein."

25

„Und wer mit Einem Zuge
Ihn leert bis auf den Grund,
Dem sei das Schlößlein Walbeck
Zu eigen in dieser Stund'!"

„Ihr wißt, das Schloß gehörte
Einst einem tücht'gen Herrn,
Dem biedern Hans von Walbeck,
Der trank wie ihr so gern."

„Und weil er's hat vertrunken,
Der nimmersatte Gauch,
So soll's der beste Trinker
Nach ihm bekommen auch."

„D'rum langt jetzt zu ihr Herren,
Des Wein's ist wohl genug!"
So ruft der Gaugraf lachend,
„Es gilt nur Einen Zug!"

26

Verwundert starrt wohl Alles
Den ries'gen Stiefel an,
Doch wagt von all' den Zechern
Sich auch nicht Einer d'ran.

Es ruft Herr Dhaun: „Den Becher
Leer aus, wer will und mag!"
Der Sponheim d'rauf: „Ich trinke
Solch Maß nicht all mein Tag!"

Herr Stromberg traut am Kopfe:
„Den Zug, den laß' ich sein,
Den thut wol Hans von Walbeck
Auf dieser Welt allein."

Da plötzlich tritt der Fremde
Zu ihnen rasch heran,
Und faßt mit kräft'gen Händen
Den Riesenstiefel an.

Und spricht: „Ihr habt's errathen,
Dazu hat er den Muth;
Denn wißt, ich bin der Waldeck,
Der den Bescheid Euch thut."

D'rauf setzt er ohne Säumen
Den Stiefel an den Mund,
Und trinkt — und trinkt, bis dieser
Geleert bis auf den Grund.

Ha, welch' Gelärm und Jubel
Erfüllt nur da das Haus!
„Das ist ein Zug, beim Geier!
So ruft der Gaugraf aus.

„Doch wie ich's hab' versprochen,
Soll's auch gehalten sein,
Das Schloß, du wack'rer Zecher,
Ist nun für immer Dein."

28

Da drückt der alte Ritter
Des Grafen Hand gar warm,
Dann aber sinkt er plötzlich
Dem Nächsten in den Arm,

Und lächelt im Verscheiden
Noch all die Andern an:
„Den Trunk, Ihr Herr'n, den hab' ich
Für Weib und Kind gethan!

Der Weinkeller zu Schroffenstein.

Das ist der Herr zu Schroffenstein,
Der immer sitzt bei seinem Wein.

Und pocht ein Wand'rer an sein Schloß
Muß er ihm sein ein Zechgenoß,

Bis um den Gast sich dreht das Haus,
Dann wirft er ihn zur Burg hinaus.

So trieb's der Ritter fort und fort,
Und wer ihn kannte, floh den Ort.

Da pocht an's Thor ein Männchen klein,
Dem wird sogleich kredenzt der Wein.

30

Das Zwerglein aber trinkt und trinkt,
So oft das Gold im Becher blinkt.

„Und faßt zu wenig Dir der Krug?
So komm', ich wett', Du kriegst genug!"

Drauf in den Keller unter'm Berg
Der Ritter führt hinab den Zwerg.

„Nun trink!" alldort er lachend spricht,
Nicht zweimal heischt er dies dem Wicht.

Denn dieser trinkt mit solcher Hast,
Daß Staunen d'rob den Ritter faßt.

Er trinkt und trinkt ohn' Unterlaß,
Bis leer ein Faß um's and're Faß.

Da starrt vor Schreck des Ritters Herz.
„Fürwahr, das ist ein schlechter Scherz!"

31

Schon aber trank im Kellerhaus
Der Zwerg den letzten Tropfen aus,

Dann schwindet plötzlich er in Nacht,
Einstürzet hinter ihm der Schacht,

Und in dem Keller ohne Wein
Verdurstete der Schroffenstein.

Der Säuferkönig.

Zu Elrich sind versammelt
Das volle Glas in der Hand,
Die größten aller Säufer
Im ganzen Sachsenland..

Da gibt's ein scharfes Trinken
Und einen schönen Tanz,
Das ist ein gülben Kettlein,
Gar schwer und hell und blank.

Wer wird den Preis erringen
Als Held des Zechermahls?
Wer wird das gülben Kettlein
Sich hängen um den Hals.

Heissa, das ist ein Schlürfen
Als gält's das tiefe Meer,
Schon wird der Kopf so Manchem
Vom vielen Schlürfen schwer.

Schon sinket da und dorten
Manch Einer unter'n Tisch,
Von K l e t t e n b e r g der Junker
Nur trinkt noch wie ein Fisch.

Schon hat geleert der Schwelger
Den dreißigsten Pokal.
Nun sitzt, ein blut'ges Nordlicht,
Er ganz allein im Saal.

Er hängt das gülb'ne Kettlein
Sich um den Hals und lacht;
„Hei, wie sie da nur liegen,
Das nenn' ich eine Schlacht!"

„Von all' den tapfern Zechern
Bin übrig ich allein,
D'rum ist, als ihres König's,
Nun auch die Kette mein!"

„Jetzt bringt mein Roß, ihr Bursche",
Ruft d'rauf der Junker aus,
„Und hebt mich in den Sattel,
Damit ich komm' nach Haus!"

Mit großer Müh' nur bringen,
Vier Knechte ihn hinauf;
Da steigt das Roß und brauset,
Dahin im schnellsten Lauf.

Mit seinem schwanken Reiter
Braust's über Stock und Stein,
Schon trabt er in die Vorstadt
Von Klettenberg hinein.

∝ 35 ∞

Da läuten und klingen die Glocken
Im nahen Gotteshaus,
„Aha, das ruft zur Vesper
Beim heil'gen Nikolaus."

„Da sollte wohl auch sputen
Sich uns're Majestät,
Zu seh'n, wie's Dir, Du Alter
In Deiner Klause geht?"

„Doch mag ich so nicht nahen
In Demuth, wie der Troß,
Nein, wie's für einen König
Sich ziemt, komm' ich zu Roß."

Er spricht's und preßt dem Pferde
Die Sporne in den Bauch,
Und steht mit lautem Lachen
Schon vor dem Kirchlein auch.

Aufschreien da die Frommen,
Und fahren bleich empor;
Doch lauten Hufes klappert
Der trunk'ne Mann durch's Thor.

Wohl stäubt da auseinander
Die fromm' vereinte Schaar,
Der Priester nur schaut ruhig
Auf ihn vom Hochaltar.

Ha, wie sich bäumt der Rappe,
Er will nicht fort vom Platz,
Doch wieder spornt der Junker,
Als ging's zur tollsten Hatz.

Da mit den Vorderhufen
Greift der mit einmal aus,
Und setzt mit einem Sprunge
Durchs ganze Gotteshaus.

Doch kaum daß er die Stufen
Erreicht am Altar dort,
So springt von allen vier Hufen
Wie Glas das Eisen fort.

Allein zugleich auch schleudert
Das Roß, von Schreck durchbebt,
Von sich den Säuferkönig,
Daß er zulängst gelebt.

Wohl starren da die Frommen
Bleich auf den blut'gen Graus,
Und werfen dann sich nieder
Vor'm heil'gen Nikolaus.

Die Eisen aber, welche
Das Roß beim Sprung verlor,
Sah man noch lang dort hängen
Zur Warnung über'm Thor.

Der Wiener Meerfahrt.

Einst saßen lust'ge Brüder
Zu W i e n im Schenkenhaus,
Die sangen munt're Lieder
In Wind und Nacht hinaus.

Sie sprachen unter andern,
So wie's der Burschen Art,
Von ihrem früh'ren Wandern,
Von mancher kühnen Fahrt.

Nicht Kartenspiel noch Kegeln
Schien ihnen also sehr
Erfreulich, als zu segeln
Auf endlos flachem Meer.

Und wie so durch's Gewässer
Sie's treibet, grad und krumm,
Da wurden immer größer
Die Zöpfe rings herum.

„Ja, schiffen, Freunde, schiffen,
Sagt, was darüber geht!
Vorbei an Fels und Riffen,
Von Möv und Sturm umweht."

„D'rauf laßt die Gläser klingen
Mit lautem Ruf und Schall,
Hurra! Auf Vogelschwingen
Geht's nun in's weit All!"

So jubeln sie und trinken
Mit donnerndem Juche;
Da will es sie bedünken
Als sei'n sie schon zur See.

40

Wie wankt doch die Kajüte,
Wie klirret Glas an Glas,
„Ei, ei, Herr Sturm, ich bitte,
Verderb' er nicht den Spaß!"

Doch wilder stets erbrauset
Das weinentflammte Blut,
Da wähnen sie, es sauset
So Meer als Sturm voll Muth.

„Zu Hilfe, ach, wer rettet
Uns jetzt in dieser Noth?!
So war es nicht gewettet,
Die Fahrt bringt uns den Tod!"

„Geschwind, was ist zu machen?"
Ruft Einer bleich wie Schnee,
Daß uns mit ihrem Rachen
Verschlinge nicht die See?"

41

„Der Raum ist voll zum Bersten,"
So lallt ein Hag'rer d'rein,
„Drum denk' ich, werft den Schwersten
Von uns in's Meer hinein!"

„Ja ja, in's Meer hinunter!"
So brüllt's aus einem Mund,
„Sonst geht das Fahrzeug unter,
Nur schnell hinab zum Grund!"

„Seht doch, liegt da nicht Einer
Seekrank schon unter'm Tisch?
So brall wie der ist Keiner,
Hinab mit ihm, nur frisch!"

Sodann den Trunkenen packen
Die Andern mit Rumor,
Daß seine Glieder knacken,
Und zerren ihn hervor.

42

Und werfen d'rauf, mit Blicken,
In denen Wuth und Tod
Hinaus den armen Dicken,
Zum Fenster — in den Roth.

Mack Jan.

Im Schenkenhaus bei dem Foyers Fall
Ausstürzet M a c k J a n den vollen Pokal.

Wild bonnert in's Ohr ihm der Katarakt,
Wo tödtlicher Schwindel die Sinne packt.

Doch klingt für M a c k J a n nur der Becherschall,
Was kümmert ihn Schwindel und Wasserfall.

44

So sitzt er und trinket in frohem Muth,
Die Stirn' ohne Falten, die Wang' voll Glut.

Da mahnet die Stunde; doch flockt der Schnee
Stets dichter und dichter von neblichter Höh'.

„He Schenke! Gefüllt nun zum letztenmal
Den Becher, dann geht's über'n Foyers=Fall!"

„Wie? fragt da High=Gregor," was fällt Euch ein?
Ueber'n Foyers Fall führt nur ein Baum allein."

Von Felsen zu Felsen, ein einzelner Baum,
Der kaum für den Fuß eines Wandelnden Raum."

„Und d'runten der Abgrund mit Woge und Gischt,
Der wild bis zu Häupten des Waglings zischt."

„Ein Baum! Ha, da ist ja des Raum's genug!
Wohl schlimmere Pfade mein Roß mich trug!"

Und als er den Becher darauf geleert,
So schwingt sich Mack Jan auf sein wildes Pferd.

Vergebens beschwört ihn des Schenken Mund;
Schon steht er am gähnenden grausen Schlund.

Wohl scheut da sein Roß vor dem luft'gen Pfad,
Den nimmer vor ihm noch ein Huf betrat.

Es bäumt sich und steigt, und schäumt in's Gebiß,
Es fühlt's, auf dem Pfad sei der Tod ihm gewiß.

Doch wilder stets treibt es der trunk'ne Mann,
Mit Schlägen und Stößen den Baum hinan.

Schon schwebt's in den Lüften, und keucht und schnaubt,
Mit triefenden Mähnen, des Muth's beraubt.

Jetzt wankt es! — Es stürzt! — Noch rafft es sich auf!
Ein Schritt — und erreicht hat's den Fels darauf. —

46

In Mackjans=Hall jetzt der Reiter ruht,
Er träumt noch am Morgen von Wein und Fluth.

„Wie ist mir doch! — Nahm ich denn nicht den Weg
Vergangene Nacht über'n Foyers=Steg?"

„Wie? — Nicht doch! — Darüber da geht kein Huf,
Den Paß zieht kein Reiter den Gott erschuf."

„Und doch! — Nein beim Himmel! — Und doch ist's
gescheh'n! —
Mit eigenen Augen will ich es seh'n!"

Und wieder zum brausenden Foyers=Fall
Hinreitet Mack Jan, mit klingendem Schall.

Und als an den Schroffen er steht und schaut,
Dem eigenen Aug' nicht der Reiter traut.

Von Felsen zu Felsen, so scharf gezackt,
Ein Baum nur, und — d'runter der Katarakt,

47.

Mit Sausen und Brausen zu ewiger Nacht
Sich wälzend und stürzend, in tollster Jacht.

Der Baum nur, darüber gewagt er den Ritt,
Und d'rauf noch die Spuren von jedem Schritt.

Die Hufe im Schnee. — Ihn erfaßt ein Graus,
Und zitternd und bleich zieht er wieder nach Haus.

Es schwebt ihm vor'm Auge allein nur der Pfad,
Der luftige, schwindelnde, den er betrat.

Er sieht nur den Baum, der so schmal und nackt,
Er hört nur den Donner vom Katarakt.

So peitscht ihn der Schrecken durch Schnee und Hain,
Mit Glut im Gehirn, und mit Frost im Gebein.

Wohin er sich flüchtet, da starrt der Baum,
Da klaffet der Abgrund mit Gischt und Schaum.

Da donnert in's Ohr ihm, mit grausem Takt,
Der sausende, brausende Katarakt.

Und eh's noch getagt über'm Foyersfall
Liegt Mac Jan als Leiche in Macjans=Hall.

Vom Mirakelkeller in Wien.

Im Mirakelkeller schallt es rings von Sang und Gläserklirren,
Rauhe Bässe und Diskante, d'rein der Zither Klänge schwirren,
Was für edle Tröblerlappen, welche siechgekrümmten Leiber,
Blutschlagfinstre Säuferlarven und verschrumpfte Bloxbergweiber.

Und inmitten dem Gewühle, vor dem Faulheitswanst die Schürze,
Schenkt der Kellerwirth den Gästen die gewohnte Lebenswürze,
„Sagt, wo gibt es ein Getränke, duftender und goldigheller
Als es duftet hier im Glase, als es perlet hier im Keller?"

„Seht Ihr dort die beiden Krücken über jener Thüre hangen,
Die gekreuzt wie Sieg'strophäen aus dem Türkenkriege prangen?
Zeugniß geben sie, was einstens durch den edlen Saft der Reben
Für ein Wunder sich in diesem Kellerraume hat ergeben."

„Humpelte ein krummer Bettler einstmals in den Keller nieder,
Mühsam an den beiden Krücken schleppend die gelähmten Glieder,
Hin zu einem Tische hockte der Gepreßte sich mit Stöhnen,
Wo beim Wein ein Rudel Strolche sang und schrie in grellen Tönen."

„Heischte b'rauf ein Glas vom Besten, und mit sichtlichem Behagen
Schien er sich beim Gold der Traube seiner Leiden zu entschlagen,
Denn mit immer froh'rem Muthe ließ ein Krüglein nach dem andern
Der bejammernswerthe Krüppel durch die durst'ge Kehle wandern."

„Also saß er bei den trunk'nen Zechkumpanen manche Stunde,
Immer neues Labsal fordernd aus dem dienstbeflißnen Spunde,
Und wie kläglich erst an Mienen, wie bedauerlich sein Wesen,
Waren nur des Frohsinns Züge bald im Antlitz ihm zu lesen."

„Plötzlich aber, o des Wunders! raffte sich der lahme Trinker
Von der Schenkenbank, wie keiner es gethan noch jemals flinker,
Lief sodann, auf seine Krücken ganz vergessend in der Eile,
Rasch hinauf die Treppenleiter, und entschwand gleich einem Pfeile."

"Dies ist das Mirakel, welches hier gescheh'n an jenem Lahmen,
Und von dem auch dieser Keller bis auf heute führt den Nahmen,
Möge Jeder b'raus entnehmen, der in diesen Schank gekommen,
Was ihm könn' ein Glas vom Besten im M i r a k e l k e l l e r
frommen!"

Also sprach der Wirth, und lauter Jubel scholl aus allen Ecken,
Blinde warfen weg die Hüllen, und die Lahmen ihre Stecken,
Krumme sprangen auf die Beine, und wie tolle Spuckgebilde
Wirbelte im wilden Reigen um den Wirth die Gaunergilde.

Der Geist im Kruge.

Es lebte einst ein Bauer
Am Lech, im Land Tirol,
Der trank sich in der Schenke
An jedem Tage voll.

Nie konnt' zu oft ihm füllen
Die Kellnerin den Krug,
D'rum ward er auch geheißen
Nur stets der Niegenug.

So war bereits gewandert
Durch seinen durst'gen Schlund
Des Vaters nährig Erbe,
Und Haus und Hof und Grund.

Doch immer mehr nur trank er
Je höher wuchs die Noth,
Da plötzlich überraschte
Beim Trunke ihn der Tod.

Da ward denn auf dem Friedhof
Versenkt der durst'ge Wicht,
Doch ließ er von der Schenke
Sogar im Tode nicht.

Es klirrte mit den Gläsern
Und Kannen noch sein Geist,
Und klappte mit den Deckeln
Der Krüge frech und dreist.

Dann schlug er unversehens
Auf Kandelbrett und Tisch,
Wie aus der Stube sprangen
Die Gäste da so risch.

54

Wohl jammerte der Schenke
Darum mit Grund und Fug,
"Herr Gott, wie schaff' vom Halse
Ich mir den N i e g e n u g !"

Da kam ein Kapuziner
Einmal in's Thal herein,
Den flehte um Errettung
Der Wirth von seiner Pein.

Als der nun war getreten
D'rauf in die Gasterei,
Merkt gleich er, daß zugegen
Der Geist des Süflings sei.

Und spricht: "Nicht zürnt dem Armen
Daß er noch immerdar
Die Stätte sucht, auf welcher
Er einst so fröhlich war."

55

„Das Krüglein laßt mich schauen,
Das mehr ihm galt wie Gold,
Aus dem der lust'ge Bruder
Den Frohsinn sich geholt."

Sogleich ward dargeboten
Der Krug dem frommen Mann,
Da öffnet der den Deckel
Und schnuppert d'rum und d'ran.

Und guckt hinein, und schmunzelt,
„Das duftet süß und fein,
Als wäre jetzt noch immer
Ein Küchelberger d'rein,"

Da rauscht es aus der Ecke
Hervor, als wie im Flug,
Zu groß ist dies Verlocken
Für unsern N i e g e n u g.

Und husch ist schon im Kruge
Der Geist des Zechers auch,
Und kollert drinn und bollert
In des Gefäßes Bauch.

Doch rasch auch hat den Deckel
Der Münich zugeklappt,
Und spricht den Bann, wie jener
Auch brinnen schnaubt und schnappt.

D'rauf ließ er tief vergraben
Im Kieferschlag den Krug,
Und nimmer spuckte wieder
Im Haus der N i e g e n u g.

Twardowski.

Horch, Geigenschall und Becherklang,
Gejauchz und Zimbelschlag,
Wer schwelgt so spät in Krakau noch
Beim wüsten Zechgelag?

Ein hochberühmter Doctor ist's,
Twardowski zubenannt,
Der dem Geheimsten nachgespürt,
Von Wißbegier entbrannt.

In dessen Brust des Forschers Drang
Ein Geier sich gehackt,
Und der d'rum mit dem Teufel selbst
Geschlossen einen Pact.

Doch spricht er diesem Hohn, da er,
So wie's bedingt die Schrift,
Erst dann anheim dem Bösen fällt,
Wenn er in Rom ihn trifft.

Ha ha, Twardowski lacht, „da kann
Er warten, bis er's satt,
Denn mich gelüstets wahrlich nicht
Nach Rom, der heil'gen Stadt."

Und Buch und Globus wirft er hin,
Retorte und Gebein,
Wie alles and're, d'rüber er
Gebrütet hat allein,

Und öffnet, dürstend nach Genuß,
Der Lebenslust das Thor,
Um voll zu schwelgen sich an ihr,
Mit seiner Freunde Chor.

Und was der Menschen Gierde je
Gereizt, die nie genug,
Das muß der Böse als sein Knecht
Verschaffen ihm im Flug.

Nun beugt den Tisch der Speisen Tracht,
In Strömen fließt der Wein,
Bei Sang und Klang die Nacht entfleucht
Vor seiner Lampen Schein.

Da tritt ein Krakowiake einst
Mit Hast hinein zum Saal,
Und spricht: „Verzeiht, Spectabile,
Der Störung hier beim Mahl."

„Doch in der öden Karczma liegt
Vor'm Grodzkerthor mein Herr,
Der Graf Wobitzki, der erkrankt
An einem Siechthum schwer."

„O laſſet Euch erbitten d'rum
Und rettet eh's zu ſpät,
Ein Landsmann iſt es, der in Noth
Zu Euch um Hilfe fleht."

Da ſpringt Twardowski auf und wirft
Den Marderpelz ſich um,
Und eilt vor's Thor hinaus. — Wie iſt
Die Nacht ſo ſchwarz und ſtumm.

Nicht achtet er es, daß vom Baum
Die Eule warnend kreiſcht,
Und denkt: Iſt's ein Sarmate doch
Der deine Hilfe heiſcht.

Jetzt tritt er in die Karcma ein,
Sieh' da, ein junges Weib,
Ein blühend Knäblein auf dem Arm,
Mit tannenſchlankem Leib.

61

Wie neckisch die Krakuska ihr
Das nette Köpfchen ziert,
Indeß die rothen Stiefel fast
Das Flechtenpaar berührt.

Das Weibchen küßt des Doctors Kleid,
Und beugt vor ihm das Knie,
Und fragt in Demuth: „Was befiehlt
Der Panje lakowi?"

Da spricht Twarboweki: „Sag, wo ist
Der Mann, der mein begehrt?"
Doch eh' er Antwort noch erhält,
Ein Blitzstrahl niederfährt.

Nachteulen flattern um sein Haupt,
Ein Donnerschlag erschallt,
Und vor ihm steht der Hölle Fürst,
In scheußlicher Gestalt.

„Der Pact ist um!" kreischt dieser laut,
„Dein Lebensspiel ist aus,
Du bist in Rom! Denn so benennt
Das Schenkenbild dies Haus."

Wohl steht Twarbowski überrascht,
Doch faßt er sich geschwind,
Und reißt aus der Schenkerka Arm
Mit Blitzeshast das Kind.

„Ha Doppelzüngler!" ruft er dann,
„Wohl schlau hast Du's erdacht,
Doch diese Unschuld hier, sie gibt
Mir Schutz vor Deiner Macht."

Wohl schnaubt der Böse da und kreischt
In Wuth: „So fahre hin,
Für diesmal hat mich deine List
Geprellt um den Gewinn."

„Doch wirst Du mir entrinnen nicht,
Gelang Dir's diesmal auch,
Weiß ich doch, daß am Weichselstrand
Versprechen nur ein Rauch."

Doch Jener ruft: „Du lügst!" und gibt
Das Knäblein, das sein Hort,
Dem Weib zurück. „Ein Pohle hält
Dem Teufel selbst sein Wort!"

Und von dem Bösen läßt er sich
Erfassen sonder Graus,
Und fährt mit diesem, trotz'gen Muths,
Davon mit Sturmgebraus.

Die Stiefelschenke zu Bern.

Zu Bern ist eine Schenke,
Du findest sie nicht schwer,
Drinn saß gar oft beim Weine
Der Herr von Bassompierre.

Er ward von Heinrichs Hofe
Gesandt in's Schweizerland,
Um fester noch zu knüpfen
Der Eintracht dauernd Band.

Bald bracht' er dies zuwege,
Da er zu Hauf' so frisch
Am grünen Rathsherrntische,
So wie am Schenkentisch.

⚛ 65 ⚜

Wer tadelt's, daß er letzte
Darum so Schlund als Mund,
Und manchen vollen Becher
Ausleerte bis zum Grund?

Nun wollt' er wieder reiten
Zur guten Stadt hinaus,
Schon saß er hoch zu Roße
Vor seines Schenken Haus.

Da kamen, ernster Würde,
Die Deputirten all'
Von sämmtlichen Cantonen,
Zu dreizehn an der Zahl.

Sie kammen ihm zu bringen
Zum Abschied einen Trunk
Vom besten Rathhausweine,
Mit altgewohntem Prunk.

D'rum traten alle dreizehn
Zu Bassompierre hinan,
Und hoben dreizehn Becher
Gefüllt bis obenan,

Und riefen: „Zum Valète
Dem edlen Bassompierre!"
Und dreizehn Becher waren
Mit einem Zuge leer.

Da dankte Bassompierre
Mit höflicher Manier,
„Den Abschiedstrunk zu bringen,
Ihr Herr'n, ist nun an mir!"

„Doch tränk' ich einen Becher
Auf Euer Aller Wohl,
So wäre nicht entgegnet
Dem Gruße, wie ihm soll."

„Und sollt' ich dreizehnmale
Austrinken noch das Glas,
So welkte wohl darüber
Mir unter'm Huf das Gras."

„Drum besser ist's, ihr ziehet
Den Stiefel mir vom Bein,
Und schenket dreizehn Becher
Vom Besten mir hinein."

„So kann ich allen Dreizehn
Erwidern ihren Gruß,
Und brauch' nicht aus dem Bügel
Zu setzen meinen Fuß."

Und als der Lederhumpen
Gefüllt bis an den Rand,
Da hob ihn Bassompierre
Hoch auf mit seiner Hand,

Und rief: „Aufs Wohl, Ihr Herren,
Von jeglichem Canton!"
Dann trank er aus und grüßte,
Und ritt vergnügt davon.

Seit dem heißt auch zum Stiefel
Allbort das Schenkenhaus,
Doch brachte Keiner wieder
Solch ein Valèt mehr aus.

Die Friedhofsschenke.

Dort, wo einst der Friedhof, da steht jetzt ein Haus,
D'raus schaut wohl der Wirth und sein Mägdlein hinaus,
Sie schauen seit Morgens, sie haben nicht Rast;
"Und kommt denn noch immer und immer kein Gast?"

Belegt sind die Tische mit Linnen gar rein,
Gescheuert die Stühle, die Diele, der Schrein,
Hell glänzt an den Wänden der Becher Metall,
Doch leer alle Stühle und jeder Pokal.

Schon kommen und sammeln sich Sternlein voll Licht's
Die Stubenuhr schnarret, sonst reget sich nichts,
Und ängstlicher stets wird den Beiden zu Muth,
Je grauer sich färbet im Westen die Glut.

„Was soll uns das Haus nun, was Keller und Wein,
Wenn keiner uns mag in die Schenke herein,
Die Thoren! Sie scheuen die Stätte wohl gar
Weil Alters ein Friedhof die Stelle hier war."

Und dichter umschleiert mit Nebeln die Nacht
Die Fläche, auf der auch kein Heimchen wacht,
Ein einsames Lichtlein nur dämmert hinaus —
Das Licht aus Altfriedhofs verrufenem Haus.

Und noch immer in's Ferne — wie's fröstelnd thaut,
Tiefgrollend der Wirth und sein Töchterlein schaut,
Doch wie sie auch spähen — nicht Einer naht,
Nur der Nachtwind seufzt über Haide und Pfad.

Doch endlich — „da sieh nur! — den Hügel heran
Kommt müde und keuchend ein Wandersmann,
Jetzt steht er und schauet — was blickt er so scheu? —
Beim Himmel — auch der geht die Schenke vorbei"! —

„Und ist benn ein Fluch mir gelegt auf dies Haus,
So flieht benn schon Alles die Stelle voll Graus?
So wollt' ich, es thäten die Gräber sich auf
Und schickten die Todten zu Gast mir herauf!"

Der Wirth ruft's, das Auge so rollend und graß,
Sein Töchterlein weinet die Schürze sich naß;
Da tönt es auf einmal — poch, poch — an das Thor,
Erschrocken fast fahren die Zwei b'rinn empor.

Und sieh da, — Schwarzherrlein, zu vier an der Zahl,
In seidenen Kleidern, tiefäugig und fahl,
Das Antlitz so knöchern, so hohl und versteint,
D'rinn grinsen und weinen gar grausig vereint.

Sie setzen sich schweigend, d'rauf winkt mit der Hand
Der Eine, und weist nach dem Glas an der Wand,
Und als ihm der Schenke gethan nach Begehr,
Da reden und deuten alle Viere nichts mehr.

Und gleich darauf pocht es, und gleich darauf naht
Ein Herr und ein Dämmchen, ei seht welch ein Staat!
Großblumichter Reifrock, goldwellig Gelock',
Weitschlotterndes Höschen und bluthrother Rock.

Er neiget, sie knixet, den Herren umher,
Die vier spitzen Nasen bedanken sich sehr,
D'rauf führt sie Rothröcklein zum Tische galant,
Und fordert wie Jene ein Glas von der Wand.

„Woher all' die Gäste? — 's ist tief in der Nacht!" —
Da pocht es schon wieder. — „Wer das nur gedacht!" —
Tief complimentir'n drei Alongen herein,
Kopfwackelndes Mütterchen schwankt hinterbrein.

Dem Wirth und dem Töchterlein innerlich graut
Wie jedes die bleichgelben Larven erschaut,
Doch eh' sich noch beide vom Staunen erholt,
Kommt schon wieder ein ähnliches Pärchen getrollt.

Balb sind alle Plätze und Bänke gefüllt,
Mit Gästen gar seltsam geputzt und verhüllt,
In riesigen Westen verblichener Pracht,
In Reifrock, Kautusch, und possirlicher Tracht.

Dort deckt die Along' ein blutfinst'res Gesicht,
Dem hängts um das Auge schwarznächtigt und schlicht,
Einem Schädel vom Beinhaus gleicht Jener nun gar,
Goldblümlein umglitzern den Frauen das Haar.

Und Alle so träg, und so schläfrig und graus,
Doch thu'n sie, als wären sie längst hier zu Haus,
Gluck — Becher um Becher, wie leert sich's so schnell,
Kaum früh genug kommen die Krüge zur Stell'.

Da geht's an ein Winken und Pusten ringsum,
Flink thuen sich Schenke und Töchterlein um,
„Pst!" drüben — „Pst!" hüben — und dorten und da,
Sein Tag man solch' Schwämme von Säufern nicht sah.

74

Drauß schauern die Wolken, kein Sternlein mehr lacht,
Doch drinnen die Lust erst allmälig erwacht,
Dumpf Murren und Schnurren, d'rein summend Gesang,
Wie der Bergwasser Murmeln am Klippenhang.

Und wilder und lauter stets wird es im Rund,
Wie kreischt es und stotterts aus zahnlosem Mund,
Von Fratzen und Larven, welch höllisch Gewirr',
Welch sinnloses Treiben und Bechergeklirr'..

Auf springt's jetzt vom Tische, umkülpt der Pokal,
Zum brausenden Kehraus nun reihen sich All',
Tief neigen die Herr'n sich, es knixen die Frau'n,
Nur Klapperdürrbeinchen an Jedem zu schau'n.

Da holpern Drei über die Tische hervor,
Mit wackelndem Kiefer und Fledermausohr,
Die fibeln und fingern — „hei! — lustig d'rauf los!"
Drauß Hundegeheule und Sturmwindsgetos.

Und holtertipolter geht's kreisend herum,
Bei lautem Gequitsche, Geschrill und Gesumm,
In Scherben die Fenster, in Trümmer der Tisch,
Mit Teller und Krügen und Braten und Fisch.

Hoch bläht sich der Reifrock, es rauscht der Talar,
Hinschleudern die Schöße, wild flattert das Haar,
Und toller und toller erfüllet der Graus
Mit jeder Minute sich mehrend das Haus.

Am Halse des Schenken, von Schauder erfüllt,
Das zitternde Mägdlein ihr Antlitz verhüllt,
Verbleicht von der Wang' ist die rosige Glut,
Dem Schenken erstarrt in den Adern das Blut.

Trüb flackern die Kerzen, hinnebelt die Schaar,
Hu Wunder! — der Reigen, wie nackend und bar,
Fort Flaus und Perücke, weg Flitter und Schein,
Nur wackelnde Schädel und fleischlos Gebein.

Mit einmal umhädelts die kreischende Maid,
Wild jubelt's ins Ohr ihr: „Blaß Liebchen 's ist Zeit!"
Hinreißt sie's zur Thüre, wild faßt's ihr Gewand,
Da hämmert's, und — E i n s — weist die Uhr an der
Wand.

Und fort holpert Alles, und stolpert und flieht,
Hinaus nach den Gräbern, blutneblich umglüht,
Die Zwei in der Stube, tiefnächtig, allein,
Die mochten nicht Schenke und Schenkin mehr sein.

Der Erbe.

Beim dicken Brauer, drauß vor dem Thor,
Da schallt es und hallt es im wilden Chor.

Da sitzet der tolle Student von Prag,
Im lärmenden Kreis beim Zechergelag!

„Hallo! Nun schenket vom Besten ein!
Bald ist ja der Mamon des Onkels mein."

„Hab' lange gedarbt und lang' geharrt
Auf das was der Alte zusammengescharrt."

„Doch eh' noch vorüber der dritte Tag,
Ist Erbe des Ohm's der Student von Prag!"

Juheissa! Da tönt es mit lautem Schall,
Da klingen und klirren die Becher all'.

Da lachen die Brüder und rufen im Rund:
„Ihm werd' eine selige Sterbestund!"

Und als nun vorüber der Tage drei,
Da drängt sich das Volk durch die Gasse herbei.

Da wallt aus dem Hause des Ohm's ein Zug,
Eine Bahre inmitten die Menge trug,

Doch der in der Bahre gebettet lag,
Das war — der tolle Student von Prag.

Der Kelleresel in Wien.

Es sind wohl mehr denn hundert Jahr'
Als noch in Wien ein Hausgeist war;
Der Kelleresel zubenannt,
Ward er von Jung und Alt gekannt,
Und wenn ihn gleich auch Niemand sah,
War er doch immer, immer da.

Er hatte einen Kellerspalt
Erwählt zu seinem Aufenthalt,
Dort lagerte in kühler Erd'
Des Bieres viel von Lichtenwerd,
Das schien des Geistes Lust und Lieb',
Daher er stets im Keller blieb.

Doch konnte er alldort nicht ruh'n,
Und machte sich fortweg zu thu'n,
Er wusch die Fässer groß und klein,
Und füllte nach, und zapfte Wein,
Und scheuerte so Glas als Krug,
Und that sich nun und nie genug.

Gar bald ward man gewohnt den Wicht,
Und machte Manches ihm zur Pflicht,
„Das Licht brennt ab! — Hier ist es naß!"
Schwups ward geputzt so Docht als Faß,
„Die Krüge flink zur Kellerthür'!"
Und fluts auch standen sie dafür.

Am Ende ward von Magd und Wirth
Der Geist ganz förmlich kommandirt,
„Ein Viertelschäffel schnell herbei!
Zwei Kannen frisch zur Krügerei!"
So scholl's in einem fort und fort,
Und was mann wünschte, stand am Ort.

Doch wie der Geist auch warb geplagt
Nie hatte drüber er geklagt,
D'rob ward der Krüger sehr erfreut,
Und zwackte ihn ganz ungescheut,
Und hieß ihn, alles Glimpfes bar,
Zuletzt noch K e l l e r e s e l gar.

Dies Alles ließ gefallen sich
Der Geist und nicht von bannen wich;
Da saß der Krüger eines Tag's
Beim Bier, mit Leuten seines Schlag's,
Und soff, bis Alles lag in Ruh',
Der Kelleresel schleppte zu.

Nun ward man aber je zur Nacht
Des Dienstbeflieff'nen auch bedacht,
Und stellte hin ihm einen Krug
Des besten Bier's, nach Recht und Fug,
Dies liebte unser Esel sehr,
Denn schwups, ward stets der Scherben leer.

Doch dießmal fährt ein schlimmer Witz
Dem Krüger in des Hirnes Sitz,
Und statt des frischen Trunkes setzt
Er eine saure Hefe jetzt
Ihm auf die Kellertreppe hin,
Doch ward dafür ihm kein Gewinn.

Noch saßen Wirth und Gast vertraut
Beim Glase, horch, welch' sondrer Laut
Erklingt den Zechern da an's Ohr?
Wie lauschte hoch der Wirth empor;
„Ei sagt, was schallt so fein und hell,
Als spruble unter uns ein Quell?"

Da rennt der Wirth zum Kellerhaus,
„Herr Gott, die Fässer laufen aus!
Jedweder Krahn ist aufgedreht,
Ganz unter Bier der Keller steht!" —
So rächte Kelleresel sich,
Und war dahin auf ewiglich.

Der gefräßige Sollus.

Es war einmal ein Schenke
Im lieben deutschen Reich,
Dem that's an schlechtem Maße
Im Land kein zweiter gleich.

Gefälscht war sein Geschirre
Gefälscht der Wein darinn,
Und nur auf Trug gerichtet
War ganz und gar sein Sinn.

Allein wie arg er immer
Betrieb die Gaunerei,
So ging doch täglich schlimmer
Sein Schankgeschäft dabei.

Deshalb er einst voll Trübniß
In leerer Stube stand,
Da hing bei ihm ein Schüler
Den Mantel an die Wand.

Der wußt' im Fluß der Rede
So mancherlei Bescheid,
Daß ihm der arme Schenke
Zuletzt vertraut sein Leid.

Da aber sprach der Schüler:
„Es geht bei Euch verkehrt,
Weil über alle Maßen
Den Lollus ihr ernährt."

„Den Lollus?" rief der Schenke
Voll von Verwund'rung aus,
„Ich weiß von keinem Lollus
In meinem ganzen Haus!"

Doch Jener spricht: „Und dennoch
Beherbergt ihr den Gauch,
Und füllet wieder Willen
Alltäglich ihm den Bauch."

„Und wenn die garst'ge Wamme
Zu schauen Euch nicht graust,
So kommt hinab zum Keller
Wo der Gefräß'ge haust."

Da steigt der Wirth verwundert
Hinab mit seinem Gast,
Obgleich ein inn'res Bangen
Dabei sein Herz erfaßt.

Im Keller aber strecket
Der Gast die Hand empor,
Und spricht den Bann, und rufet:
„Nun Lollus, komm' hervor!"

Da wälzet aus dem Winkel
Hervor sich brall und prall
Ein menschlich nacktes Monstrum,
Ein fleischgeword'ner Ball.

Gleich einem Kürbiß glotzet
Ein Kopf auf diesem Knaul,
Darin als wie ein Krater
Ein weitgespaltnes Maul.

Wie plump jedoch und wulstig
So Arm als Beine auch,
Verschrumpfen sie zu Floßen
An seinem Riesenbauch.

Wohl starrt der Wirth voll Schrecken
Auf dieses Spuckgesicht,
Da wendet sich der Schüler
Zum Schenkenwirth und spricht:

„Dies ist die feile Schlumpe,
Der Lollus zubenannt,
Den Ihr durch rechtlich Handeln
Allein von Euch verbannt."

„Denn jeder Trunk, um welchen
Ihr einen Gast betrügt,
Kommt diesem Molch zu statten,
Dem nie ein Maß genügt."

„So auch ein jeder Bissen,
Den schmälert Euer Neid,
Und Jedes, d'raus entsprießet
Für Andere ein Leid."

„Doch handelt Ihr nach Rechten
Bei Maß und bei Gewicht,
So wird in Bälde darben
Bei Euch der schlimme Wicht."

88

„Und lasset Ihr ihn hungern
Nur immer fort und fort,
So sucht bei schlecht'ren Schenken
Er bald den besser'n Ort."

„D'rum thut, so wie Euch heißen
Gewissen und Vernunft,
Und laßt Euch nicht berücken
Vom Mißbrauch eurer Zunft."

Auf dieses wohl gelobet
Der Wirth mit Hand und Mund,
Ein gutes Maß zu halten
Hinfort von dieser Stund.

Und wieder geht der Schüler
Wohin ihn ruft sein Pfad,
Doch treu nach seinem Worte
Hierauf der Schenke that.

Da kam in Kurzem wieder
Der Wohlstand in sein Haus,
Das Trübsal und die Sorgen
Allmählig blieben aus.

Und wieder trat der Schüler
In's Haus nach langer Fahrt,
Und freute sich, wie drinnen
Die Aend'rung er gewahrt.

„Nun kommt und laßt uns sehen
Was Euer Mästling macht!"
Und Wirth und Schüler stiegen
Hinab zur Kellernacht.

Und wieder ruft der Schüler:
„Nun Lollus, komm' hervor!"
Da ringt ein hag'rer Schemen
Im Winkel sich empor.

90

Dahin die brallen Maſſen,
Zuſammt dem rieſ'gen Bauch,
Und das Geſpenſte ſelber
Ein eingeſchrumpfter Schlauch.

„Ihr ſeht, das Mittel wirkte,"
Verſetzt hierauf der Gaſt,
„Mich dünkt, es fällt der Lollus
Nicht lang' Euch mehr zur Laſt."

Und wie er's profezeiet
Geſchah auch bald darnach,
Dieweil auch ſein Verſprechen
Der Wirth nicht wieder brach.

Wer weiß wo der Schmarotzer
Jetzt ſeine Biſſen mauſ't,
Vielleicht, daß gar der Lollus
Bei unſer'm Wirthe hauſt.

———

Von
Dr. Johann Nepomuk Vogl
erschienen an poetischen Werken.

Balladen und Romanzen, Sagen und Legenden. Dritte sehr stark vermehrte Auflage, mit dem Portrait des Verfassers. Bei J. B. Wallishauffer in Wien.

Lyrische Dichtungen. Zweite vermehrte Auflage. Rohrmann in Wien. (Hölzl.)

Klänge und Bilder aus Ungarn. Dritte stark vermehrte und illustrirte Auflage. Strauß & Sommer in Wien.

Der fahrende Sänger. Nachbildungen aus dem Schwedischen, Englischen, Spanischen, Serbischen. Bei Wallishauffer in Wien.

Neuer Liederfrühling. Bei J. B. Wallishauffer.

Trommel und Fahne, ein Liedercyklus mit Compositionen sämmtl. Capellmeister der öst. Armee, enthaltend: die kleine Marketenderin. Strauß & Sommer. Zweite Auflage bei Jasper in Wien.

Karthäusernelken. Sagen und Legenden aus der christlichen Vorzeit, mit Titel in Farbendruck und Initialen. Dritte Auflage. Bei L. Sommer.

Neueste Gedichte. Gustav Heckenast in Pest.

Blätter und Trauben. Gesellige Lieder mit Original-Compositionen von 50 der vorzüglichsten Compositeure. Dritte Auflage. Jasper (vergriffen).

Domsagen. Nebst Baugeschichte und Beschreibung des Stefansdomes in Wien. Vierte Auflage. Zamarski in Wien.

Deutsche Lieder. Mauke in Jena.

Liedertafel in zwanglosen Heften mit Compositionen. 1.—3. Heft. Witzendorf & J. Müller in Wien.

Frauenrosen. Erklärende Gedichte zu einer Sammlung von Frauenbildern, gezeichnet von Decker und Andern. 2 Hefte. Tendler in Wien.

Aus der Teufe. Bergmännische Dichtungen, mit Xylographien nach Zeichnungen von Geiger, und Singweisen. Zweite vermehrte Auflage. Gerold in Wien.

Soldatenlieder, mit Bildern, nach Zeichnungen von Geiger, und Singweisen. Zweite vermehrte Auflage, ebendaselbst.

Schnadahüpfeln. Beitrag zur österr. Volkspoesie mit illustr. Umschlag. Zweite Auflage. Tendler & Comp.

Scherzhaftes, mit Illustrationen von Geiger und Cajetan. Sollinger in Wien.

Blumen. Romanzen, Lieder und Sprüche aus der Blumenwelt. Zweite vermehrte Auflage. Pfautsch & Voß in Wien.

Bilder aus dem Soldatenleben, mit 30 Xylographien. Dritte vermehrte Auflage. Zamarski.

Marko Kraljevits. Serbische Heldensage. 2. Aufl. Zamarski.

Passiflore. Sagencyklus aus der Leidensgeschichte des Herrn. Prachtausgabe mit Vignetten, Initialen und Randzeichnungen von Schöller. L. Sommer in Wien.

Klosterneuburg. Balladenkranz mit Titelkupfer. Zamarski in Wien.

Neue Gedichte. Epigrammatisches und Sprüchliches. E. Kollmann in Leipzig.

Poetisches Sylvesterbüchlein, mit Illustration von Hasselwander und Cajetan. Dritte Auflage. Zamarski.

Die Poesie beim Weine. Bei J. B. Wallishauffer in Wien.

Inhalt.

	Seite
Doctor Fauſt's Kellerfahrten.	
1. Doctor Fauſt in Auerbachs Keller in Leipzig.	1
2. Doctor Fauſt im Biſchofskeller zu Salzburg	5
Das Weinfaß zu Helfenſtein	10
Der verſchüttete Kloſterkeller am Nekar.	17
Der Meiſtertrunk	23
Der Weinkeller zu Schroffenſtein	29
Der Säuferkönig.	32
Der Wiener Meerfahrt	38
Plack-Jan	43
Vom Mirakelkeller in Wien	49
Der Geiſt im Krug	52
Twardowski	57
Die Stiefelſchenke zu Bern	64
Die Friedhofsſchenke	69
Der Erbe	77
Der Kellereſel in Wien	79
Der gefräßige Lollus	82

Aus J. B. Wallishauſſer's k. k. Hoftheater-Druckerei.